Matthias von Bornstädt

DAS VERHÄNGNISVOLLE SUPERSCHIFF

Wickie und die starken Männer
Erstleser
2. Klasse
ab 7 Jahren

Klett Lerntraining

Bibliografische Information der Deutschen Nationalbibliothek
Die Deutsche Nationalbibliothek verzeichnet diese Publikation in der
Deutschen Nationalbibliografie; detaillierte bibliografische Daten sind
im Internet über http://dnb.dnb.de abrufbar.

Dieses Werk folgt der neuesten Rechtschreibung und Zeichensetzung.

1. Auflage 2017

© Studio 100 Animation/ASE Studios
™ Studio 100
www.studio100.com

Grafikhandbuch Wickie 3D: Jan Van Rijsselberge
Autorenhandbuch Wickie 3D: Alexandre Révérend

Der „Schreckliche Sven" ist ein Eigenname aus der
Welt von „Wickie und die starken Männer."

© PONS GmbH, Stöckachstraße 11, 70190 Stuttgart 2017. Alle Rechte vorbehalten.
www.klett-lerntraining.de
Teamleiterin Grundschule und Kinderbuch: Susanne Schulz
Umschlaggestaltung und Layout: Sabine Kaufmann, Stuttgart
Redaktion: textstelle Eva Günkinger, Esslingen
Illustrationen: Julian Jordan, Luis-José Beltran, Iñigo Motxo/Comicon, Barcelona
Satz: tebitron gmbh, Gerlingen
Druck: Aumüller Druck GmbH & Co. KG, Regensburg
Bindung: Conzella Verlagsbuchbinderei Urban Meister GmbH & Co KG, Pfarrkirchen
Printed in Germany
ISBN 978-3-12949332-8

Inhalt

Überraschender Besuch

Was macht ein Wikinger,
wenn er genug erbeutet hat?
Genau das fragen sich
die Männer aus dem Dorf Flake.
Zuletzt waren sie so erfolgreich,
dass ihre Kammern nun randvoll sind.
„Wie wär's mit einer Ausflugsfahrt?",
schlägt Wickie vor. „Einfach aus Spaß!"

Der alte Urobe hat auch gleich
das passende Ziel im Kopf:
„Was haltet ihr von der Echogrotte?
Das ist eine Höhle, in die man
mit dem Schiff hineinfahren kann.
Wenn man da drinnen etwas ruft,
kommen die tollsten Echos zurück!"
„Klingt ja spannend!", meint Wickie.
Auch die anderen sind begeistert.
Und Halvar ruft: „Also dann,
machen wir unser Schiff startklar!"

Die Männer wollen gerade lossegeln,
als am Horizont plötzlich
ein anderes Schiff auftaucht.
Nein, es sind sogar zwei Schiffe!
Beim ersten fällt nur der Bug auf.
Aber das zweite Schiff …
„Donnerwetter!", ruft Faxe.
„Was ist denn das?"

Das Schiff hat einen Drachenbug.
Es muss also ein Wikingerschiff sein.
Doch es ist viel höher gebaut
als die üblichen Exemplare.
Sein Segel erstrahlt in kräftigen Farben
und die Reling schimmert sogar golden!
Staunend betrachten die Männer
das Schiff beim Näherkommen.

Windus aus Windistan

Als die zwei Schiffe angelegt haben,
kommen Männer mit Turbanen
und bunten Gewändern von Bord.
Einer von ihnen fragt höflich:
„Sind wir hier richtig in Flake,
bei den mutigsten Wikingern der Welt?"
„Ähm, also ... ich denke schon",
antwortet Halvar überrumpelt.

„Wunderbar!", ruft der Fremde.
„Darf ich mich vorstellen?
Ich bin Windus aus Windistan!"
„Windistan?", fragt Wickie stutzig.
„Wo soll das denn bitte sein?"
„Och, am anderen Ende der Welt",
sagt der Besucher hastig.
„Und selbst dort haben wir
von euren großen Taten gehört!"
„Ja, wirklich?", freut sich Halvar.
Vor Stolz schwillt ihm die Brust.

Wickie dagegen runzelt die Stirn.
Die Fremden kommen ihm
irgendwie so bekannt vor ...
„Was wollt ihr denn bei uns?",
erkundigt sich Halvar gespannt.
Windus aus Windistan antwortet:
„Wir sind Schiffshändler!
Und wir möchten euch gern
unser allerbestes Schiff anbieten.
Kommt, schaut es euch näher an!"

Das Schiff hat einen besonderen Raum –
einen, der sich unter Deck befindet.
„Aha, darum ist das Schiff so hoch",
begreift Halvar. Der Händler nickt.
„Hier hat haufenweise Beute Platz!
Und wenn ihr zum Markt fahren wollt,
um Beutestücke einzutauschen,
könnt ihr alles auf einmal mitnehmen.
Man weiß ja schließlich nie,
was den anderen so gefällt."

„Kann denn so ein großes Schiff
auch schnell genug fahren?",
fragt Wickie zweifelnd.
„Sogar turboschnell!", ruft Windus.
„Und dazu kommt die Ausstattung:
ein Rettungsboot für den Notfall
und jede Menge Waffen."
„Klingt großartig!", findet Halvar.
Doch dann fällt ihm etwas ein:
„So ein Superschiff hat bestimmt
einen stolzen Preis, oder?"

Der Händler setzt ein Lächeln auf.
„Nun ja, eigentlich schon,
aber weil ihr es seid ...
Wir überlassen euch das Schiff
für ein einziges Silberstück."
Wickie schnappt verblüfft nach Luft.
Nur ein einziges Silberstück
für so ein prächtiges Schiff?
Da muss es einen Haken geben!
Wickie will seinen Vater warnen.
Doch Halvar hat sich hoffnungslos
in das Superschiff verliebt.

Schreck an Deck

Halvar und Windus geben sich die Hand.
Das Geschäft ist besiegelt.
Wenig später segeln die Fremden
mit dem kleineren Schiff davon.
Wickie grübelt: „Waren das vorhin
nicht noch ein paar Männer mehr?"
Er wird den Verdacht nicht los,
dass hier etwas gewaltig faul ist …

Natürlich wollen die Wikinger
ihr neues Lieblingsspielzeug
so schnell wie möglich ausprobieren.
Wie praktisch, dass am nächsten Tag
in der Nähe ein Markt stattfindet.
„Männer! Lasst uns all unsere Beute
zum Eintauschen mitnehmen!",
ordnet Halvar an.

Früh am nächsten Morgen
schleppen die Männer also alles
an Bord des großen Schiffes.
Dann segeln sie begeistert los.
Halvar steht stolz am Bug und ruft:
„Wenn die anderen Wikinger
uns mit diesem Prachtschiff sehen,
werden sie gelb vor Neid! Haha!"

Unterdessen streicht Wickie
über die golden schimmernde Reling.
„Nanu?", stutzt er plötzlich.
An seinem Finger klebt goldene Farbe!
Ist das etwa gar kein echtes Gold?
Als Nächstes untersucht Wickie
die blitzenden Waffen unter Deck.
„Dieses Schwert fühlt sich aber
ungewöhnlich leicht an", denkt er
und schlägt es gegen eine Truhe.
KRRKS! Das Schwert bricht entzwei.

Aufgeregt ruft Wickie seinen Vater.
„Schau doch! Das Schwert hier
besteht nicht aus Metall,
sondern nur aus bemaltem Holz!"
Halvar bekommt große Augen.
„Aber wieso ...", will er gerade sagen.
Da fliegt neben ihm eine Luke auf
und vier bewaffnete Männer
stürmen aus einem Versteck hervor.
„Oh nein! Der Schreckliche Sven
und seine Piraten!", ruft Wickie.

18

„Hohoho!", lacht Sven polternd
und bleckt seine Zähne.
„Schön, dass ihr uns ohne Verkleidung
gleich wiedererkennt! Ha! Reingelegt!"
Wickie schlägt sich an die Stirn.
Er begreift: Die fremden Händler
waren Svens verkleidete Männer.
Das Superschiff ist eine Falle!

Halvar packt hastig einen Dolch
und streckt ihn Sven entgegen.
Doch der Piratenchef schwingt nur kurz
seinen wuchtigen Morgenstern
und der Dolch zersplittert.
„Wieder nur aus Holz!", keucht Halvar.
„Klaro. Dachtest du, wir haben euch
richtige Waffen an Bord gepackt?",
verhöhnt ihn Sven. Halvar stöhnt.
Leider haben die Wikinger
ihre eigenen Waffen daheim gelassen.
Was für ein Leichtsinn!

Im Handumdrehen übernehmen
die Piraten das Kommando.
„So, und ihr seht zu, dass ihr
mit dem Rettungsboot verschwindet",
blafft Sven die Wikinger an.
Er grinst. „Keine Angst. Wir werden
uns gut um eure Beute kümmern …"
„Wickie!", flüstert Halvar verzweifelt,
„wir brauchen dringend eine Idee.
Sonst ist unsere Beute futsch!"

Die schaurige Grotte

Wickie denkt kurz nach
und reibt sich die Nase,
bis er leise ruft: „Ich hab's!"
Dann tuschelt er mit seinem Vater –
gerade so laut, dass Sven es versteht:
„Unsere anderen Beutestücke
sind ja zum Glück sicher ..."
„He!", geht Sven dazwischen.
„Was flüsterst du da, Junge?
Ihr habt noch andere Beutestücke?"

Wickie tut ganz erschrocken
und stammelt: „J-Ja, ähm …
i-ich meine, n-nein, ähm …"
„Raus mit der Sprache!", brüllt Sven.
„Wo habt ihr den Rest versteckt?!"
„I-In einer Höhle", antwortet Wickie.
„Na also", brummt Sven. „Und jetzt
werdet ihr uns den Weg dahin zeigen.
Aber ein bisschen plötzlich!"
Wickie zwinkert dem alten Urobe zu.
Dieser begreift sofort
und lotst die Piraten zur Echogrotte.

Als das Schiff kurze Zeit später
in die Grotte hineinsteuert,
donnert Sven gierig:
„Auch noch eine ganze Höhle
voller Beutestücke! Alle für uns!"
Darauf brechen er und seine Bande
in das wildeste Piratenlachen aus.
Doch was ist das? Aus der Grotte
lacht es lautstark zurück.
Sven zuckt zusammen.
„Huch! War das ein Echo?"

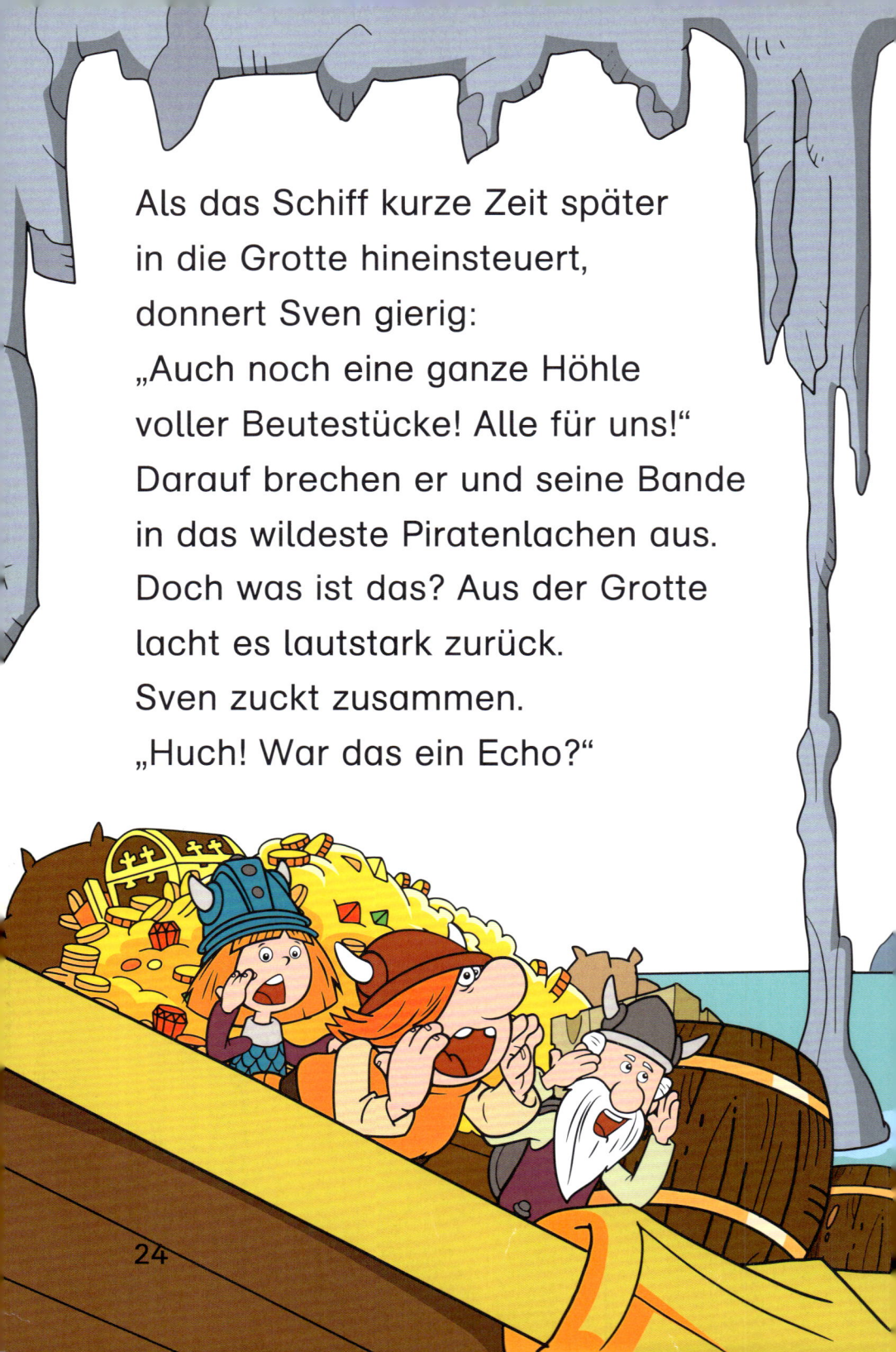

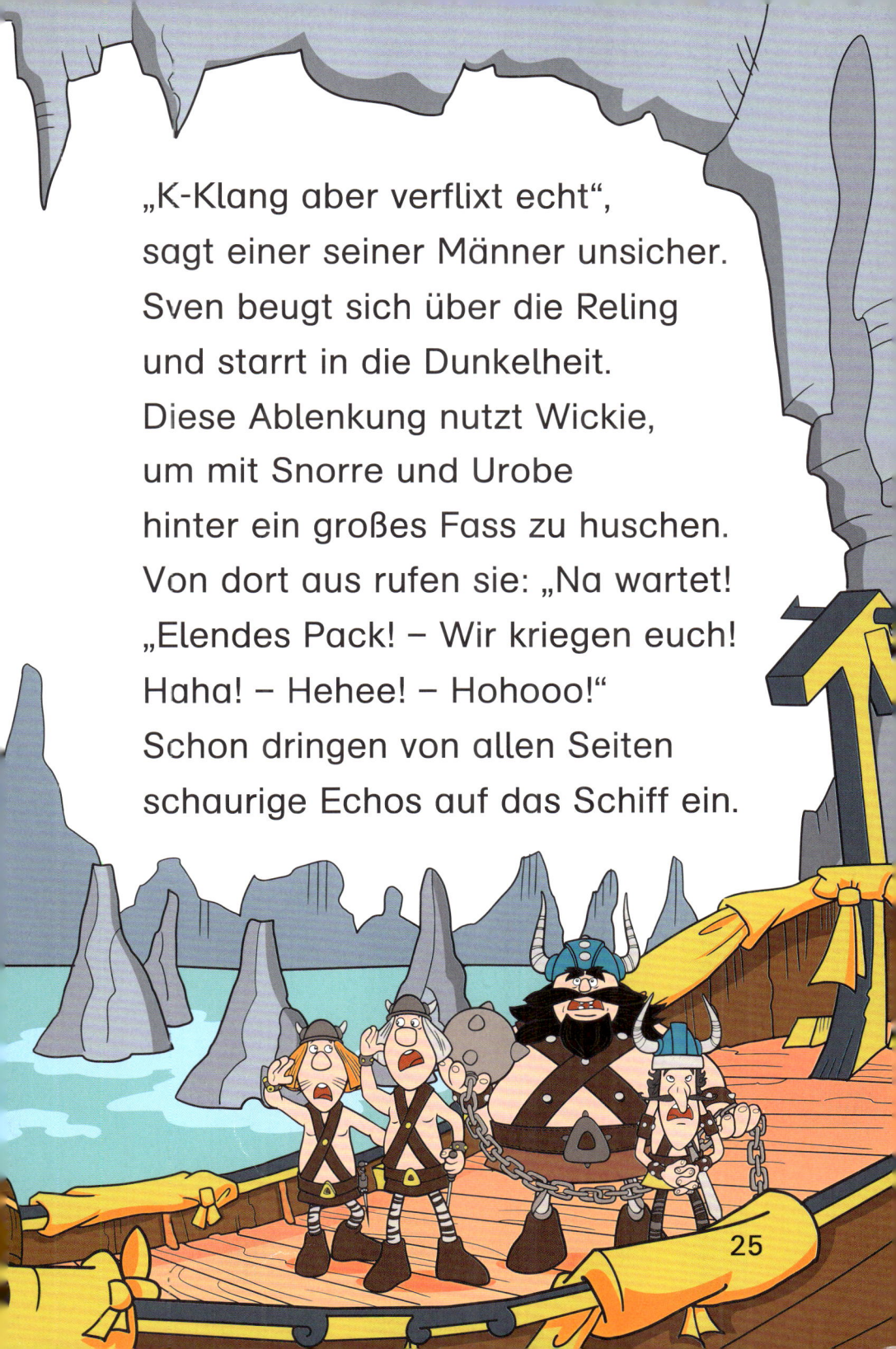

„K-Klang aber verflixt echt",
sagt einer seiner Männer unsicher.
Sven beugt sich über die Reling
und starrt in die Dunkelheit.
Diese Ablenkung nutzt Wickie,
um mit Snorre und Urobe
hinter ein großes Fass zu huschen.
Von dort aus rufen sie: „Na wartet!
„Elendes Pack! – Wir kriegen euch!
Haha! – Hehee! – Hohooo!"
Schon dringen von allen Seiten
schaurige Echos auf das Schiff ein.

25

„Hilfe!!!", schreien die Piraten.
Kein Wunder: Sie glauben,
dass eine ganze Armee
in der dunklen Grotte lauert.
Von nackter Angst gepackt
klettert die Bande ins Rettungsboot.
Schneller, als man
„Ausgetrickst!" rufen kann,
suchen Svens Leute das Weite.

„Puh, das war knapp!", sagt Halvar
und klopft Wickie auf die Schulter.
„Ohne dein helles Köpfchen
hätten wir unsere Beute verloren!"
Wickie lächelt zufrieden.
Dann segeln die Männer nach Hause.
Unterwegs träumen sie
von der nächsten Beutefahrt
mit ihrem guten alten Wikingerschiff.
Denn so viel steht fest:
Von windigen Superschiffen
haben sie ein für alle Mal genug!

Starke Fragen
für helle Köpfe

1 **Warum wollen die Wikinger eine Ausflugsfahrt unternehmen?**

A ☐ Weil sie es nicht mehr schaffen, irgendetwas zu erbeuten.

C ✗ Weil sie schon so lange nicht mehr in der Echogrotte waren.

E ✗ Weil sie finden, dass sie fürs Erste genug erbeutet haben.

2 **Wie schimmert die Reling des Superschiffs?**

B ☐ silbern

C ☐ golden

D ☐ in vielen kräftigen Farben

 **Wie nennt sich der Schiffshändler?**

H ☐ Windus aus Windistan

U ☐ Windus aus Wendistan

V ☐ Windus aus Windustan

 **Welche Ausrüstung gehört angeblich zu dem Superschiff?**

R ☐ Rettungswesten und Waffen

O ☐ ein Rettungsboot und Waffen

G ☐ ein Rettungsboot und Waffeln

 **Weshalb glaubt Wickie, dass der Handel einen Haken hat?**

G ☐ Weil der Preis für das Schiff ihm zu niedrig erscheint.

F ☐ Weil die fremden Händler mit zwei Schiffen gekommen sind.

E ☐ Weil der Schiffshändler von so weit her kommt.

 **Wie wird der Handel
mit Windus geschlossen?**

U   mit einem Faustschlag

D   mit einem Paukenschlag

R   mit einem Handschlag

 **Welcher Schwindel fällt Wickie
an Bord des Schiffes zuerst auf?**

B   Er stößt auf das Geheimversteck
von Svens Piratenbande.

V   Er entdeckt ein hölzernes Schwert.

O   Er bemerkt die Goldfarbe
an der Reling.

**Warum hat Sven sich den Trick
mit dem Superschiff ausgedacht?**

T   Er wollte dadurch an die Beute
der Wikinger kommen.

K   Er wollte die Wikinger mal so
richtig an der Nase herumführen.

S   Er wollte Halvar ein langsames
Schiff andrehen.

 **Warum tuschelt Wickie mit seinem Vater über Beutestücke, während Sven daneben steht?**

D ◻ Damit Sven nicht versteht, was die beiden sagen.

T ◻ Damit Sven neugierig wird.

A ◻ Damit Sven vor Wut brüllt.

 **Was könnten die Wikinger aus dem Abenteuer gelernt haben?**

U ◻ „Einem geschenkten Gaul schaut man nicht ins Maul!"

S ◻ „Wer zu spät kommt, den bestraft der Schreckliche Sven!"

E ◻ „Es ist nicht alles Gold, was glänzt!"

Lösungswort

Hast du alle Fragen beantwortet?
Dann trage hier die Buchstaben
der richtigen Antworten ein.

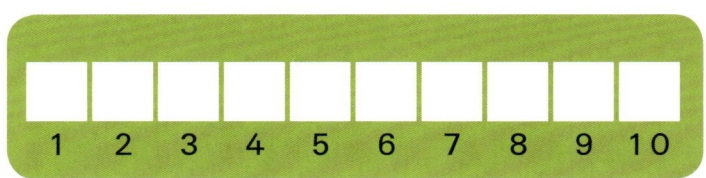

1	2	3	4	5	6	7	8	9	10

Tipp:
Das Lösungswort hat
etwas mit der Geschichte
zu tun!

Lösungswort: ECHOGROTTE